Andrea Meyer

Meine Familie und ich im Wandel der Zeit

Andrea Meyer

Meine Familie und ich im Wandel der Zeit

Rediroma-Verlag

Bibliografische Information der Deutschen Nationalbibliothek:
Die Deutsche Nationalbibliothek verzeichnet diese Publikation in der Deutschen Nationalbibliografie; detaillierte bibliografische Daten sind im Internet über http://portal.dnb.de abrufbar.

ISBN 978-3-96103-691-2

www.rediroma-verlag.de
7,95 Euro (D)

Ich möchte diesen Gedichtband meiner Familie widmen, im Besonderen meinem Mann und meinen Kindern, die immer für mich da waren und sind.
Danke für alles.

Inhalt

Vorwort 8
Neuanfang 9
Abschied 11
An das Leben 12
Danke, meine 3 13
Das Gefühl 15
Das Meer 16
Der Sinn meines Lebens 17
Der Sinn meines Seins 18
Der Strudel 19
Der Tod 20
Der Wandel 21
Der Wind 22
Die Entscheidung 23
Die Wahrheit 25
Du bist ein Wunder 26
Du 28
Dunkelheit 29
Ein Blatt im Wind 30
Ein Lächeln 31
Eliana 32
Er ist da 34
Fantasie 35
Fragen 36
Frieden 37

Gedanken 38
Hoffnung 39
Ist das Leben? 41
Kinderaugen 42
Liebe ist 43
Liebe ist auch 44
Mama 45
Meeresrauschen 47
Mein Engel 48
Mein Großer 49
Mein Freund, Weggefährte und Mann 51
Meine Macht 53
Meine Sonne 54
Melodie des Herzens 56
Peter 58
Ruf nach Liebe 59
Seine Augen 61
Dieser Ruf 62
Vergib mir 64
Spiegelbild 65
Torsten 66
Vergangenheit 67
Was ist das Sein, wenn man zerbricht 68
Irrsinn 69
Natur 70
Wenn der Schleier fällt 71

Vorwort

Mein Leben.

Wie bei jedem Anderen besteht mein Leben aus Höhen und Tiefen, aus guten und schlechten Tagen, aus Nöten, Sorgen, Ängsten, Lachen, Liebe und Harmonie. Alles steht im ständigen Wandel.

In meinem Leben musste ich mehr Tiefen als Höhen erfahren, welche mich jedoch zu dem Menschen gemacht haben, der ich nun bin. Aus jeder Erfahrung habe ich gelernt, und schließlich bin ich aus einem eher unselbstständigen und unsicheren Menschen jemand geworden, der zufrieden auf den Tag zurückschaut, weiß, was er will, und mit sich im Reinen ist.

Das Schreiben hat mir geholfen, meine Gedanken und Gefühle loszulassen und zu bearbeiten. Die Reise meines Lebens ist noch lange nicht vorbei, aber die Narben der Vergangenheit verblassen.

Neuanfang

In die Wirren eines irren Krieges hineingeboren.
Vertrieben, gejagt, halb verhungert
hat sich eure Generation geschworen,
dass darf niemals wieder so sein.
Dafür standet ihr alle ein.

So viele mussten einen neuen Weg und eine neue Heimat finden.
Es war sehr schwer wieder ins Leben zurückzufinden.
So viel zerstört, so viele im Krieg geblieben,
bei vielen weiß man nicht mal, wo sie liegen.

So viele Familien entzweit
und doch wart ihr alle bereit,
die Wirren des Krieges hinter euch zu lassen
und ein neues Land aufzubauen, mit anzufassen.

Die ersten Jahre waren schwer,
doch ihr habt es geschafft
und es zeigt sich einmal mehr,
was der Mensch alles leisten kann.
Gemeinsam ein neues Land entstand
aus Schutt und Asche, wie neugeboren.
Für ein Leben in Frieden wart ihr auserkoren.

Ein Leben mit Tanzen und Lachen
und den anderen schönen Sachen,
die ein Leben in Frieden bietet
und wir sind daraus entstanden, als ihr wiederliebtet.
Dankend schauen wir zurück
und sind froh, dass es euch gibt.

Abschied

Eine Träne löst sich und läuft die Wange entlang.
Ich überlege, wann dies alles begann,
dass nacheinander gehen all meine Lieben,
die Familie löst sich auf, nur zwei sind noch geblieben.

Und auch du wirst bald gehen,
es tut nur weh, doch muss ich es verstehen,
bist nicht mehr bereit, noch länger zu leiden,
lebst schon zu lang in längst vergangenen Zeiten.

Wolltest nicht mehr vorwärts gehen
und vergebend auf alles sehen.
Tränen verschleiern meinen Blick
und ich werde dich begleiten das letzte Stück.

Ich hoffe, du wirst den Frieden finden,
es wird sich wieder alles neu verbinden
und wir kehren zurück
wo alles begann, Stück für Stück.

An das Leben

Wie kann es sein, dass ihr entscheidet, wer leben darf
und wer nicht?
Wer gibt euch das Recht zu sagen, diese Völker und
diese nicht?
Welches Recht maßt ihr euch an,
zu entscheiden wie und wann?
Fühlt ihr euch durch eure Macht und euer Geld
eines Gottes gleich, der regieren darf diese, unsere Welt?

Doch dann gebt gut acht, der Mensch ist ein Wunder-
werk
und kein Bilderberg.
Er ist mehr als nur ein Glied,
er ist mehr als das, was man offensichtlich sieht.
Er ist nicht zu dumm, um zu verstehen,
dass Welten durch ihn untergehen.

Gebt acht und seid bedacht,
der Mensch ist klug, das steht in jedem Bilderbuch!
Wie kann es sein, wir sind nicht klein,
wir haben die Macht, uns zu erheben milliardenfach.
Nicht reduziert, sondern produziert,
um das zu erheben, was für uns heißt „das Leben“.

Danke, meine 3

Wie fang ich es zu beschreiben an,
wie alles begann?

Es fällt mir noch schwer, mir selbst zu vergeben,
habe für euch gewollt ein schönes Leben
mit viel Liebe und Harmonie.
Das ganze Gegenteil war es, welch Ironie.

Ihr seid in eine Familie hineingeboren,
die so kaputt war und verloren.
Die Anfangsjahre waren für euch sehr schwer
und für mich noch so viel mehr.
Ich war in meiner kranken Welt gefangen,
war so oft nicht da
und ihr seid euren Weg allein gegangen.

Es war unser Weg durch Hoch und Tief
und egal, wie es lief,
ihr wart immer füreinander da,
ganz gleich, was geschah.
Ihr habt euch unterstützt in allen Dingen
und in eurer Gemeinschaft
sich die Tiefen zu glätten anfingen.

Ihr seid wunderbare Menschen geworden
und immer noch auf euch eingeschworen.
Ihr habt ein Verhältnis,
was man unter Geschwistern suchen kann.
Ihr seid füreinander da, egal, wann!

Schau ich zurück,
bin ich dankbar und voller Liebe
dass es euch gibt.
Ich weiß, ich werde geliebt,
von euch, euren Partnern und euren Kindern.
Ich gebe diese Liebe zurück,
weil es das Größte ist, was es gibt.

In Liebe, Mama

Das Gefühl

Es war ein vertrautes Gefühl, als unsere Blicke sich trafen,
war wie eine Rückschau an längst vergangene Tage
und es gab keine Fragen.
Als kehrte etwas Wohlbekanntes und Liebevolles zurück,
ein Frieden machte mich schaudernd vor Glück.

Es war, als würde sich ein Schleier heben
und mir zeigen, es gibt noch ein anderes Leben.
Eins, was mit diesem nicht vergleichbar ist
und in mir etwas erklingen lässt was man nicht mehr vergisst.

Ein Gefühl, so tief und so rein,
als kehrte man endlich wieder heim.
In eine Welt, in der Glück, Liebe, Harmonie
und Frieden unzerstörbar sind
und wir uns geborgen und frei fühlen wie der Wind.

Das Meer

Leise bricht die Welle am Strand,
längst weggespült meine Spuren im Sand.
Der Sonnenuntergang spektakulär und famos,
die Farbexplosionen einfach grandios.
Liebkosend hüllt sanft mich eine Brise ein.
Es ist so friedlich und still
und ich wünscht, es würde immer so sein.

Doch weiß ich, dass das Meer auch anders sein kann,
wenn Orkane und Taifune sich ihre Wege bahnen,
gerade deswegen zieht es mich magisch an.
So mystisch, geheimnisvoll, kräftig und sanft,
ich kann mich dem nicht entziehen,
denn hier kann ich immer dem Alltag entfliehen.

Der Sinn meines Lebens

Es ist nicht der Sinn, ewig in Angst und Schrecken zu leben
sondern in Frieden mit mir selbst und allen,
das ist, was ich will erstreben.

Ich bin nicht hier, um die Phrasen und Lügen
dieser Illusion zu ertragen,
gehe weiter, indem ich sie lerne zu hinterfragen.
Vieles ergibt keinen Sinn
wenn man genauer sieht hin.

Wie wir alle, musste ich durch die Hölle gehen,
um dahinter den Himmel zu sehen,
der nur versteckt war durch einen dünnen Schleier
aus nichtigen Fantasien,
und ich in diesem mich verfing
um die Wahrheit nicht zu sehen.

Der Sinn meines Seins

Hab ich jetzt erst erfahren,
fühlte mich verloren in all den Jahren.
Gefangen in einer Welt,
die nicht die meine war,
alles nur gegen mich und kaum ertragbar.

Fragte mich oft, soll das so sein,
in einer Welt mit so viel Schmerz und Pein.
Ist das der Weg, den ich gehen soll,
für was eigentlich, fragte ich voller Groll.

Für ein paar Jahre mal Sonnenschein
um dann wieder zu versinken in der Welt des Scheins.
Folge diesem Kreislauf nun schon so manches Jahr,
werde ihn durchbrechen und dem folgen,
für welchen ich eigentlich geboren war.

Habe dieses Leben selbst gewählt
um zu begreifen, dass hier nur eines wirklich für mich
zählt.
Allem und jedem zu vergeben, die Angst loszulassen,
darin liegt der Sinn
und ein neues und erfülltes Leben beginnt.

Der Strudel

Du weißt, es muss sich etwas ändern, du weißt aber
nicht, wie.
Du kannst es nicht beschreiben, aber irgendwie
zieht es dich in den Abgrund hinein
alles so sinnlos, du könntest nur schreien.

Doch keiner kann deine Schreie hören,
du bist allein und alles und jeder will dich zerstören.
Fühlst dich gefangen im Strudel der Zeit,
egal, was du tust, nichts dich befreit
aus dem Wirrwarr der Gedanken
an deine Unzulänglichkeit.

Willst es sagen, aber du weißt nicht, was,
weil es nicht beschreibbar ist,
das Gefühl, das dich so hilflos macht,
es hält dich gefangen Tag und Nacht.

Das Gefühl der Schuld, du steckst so tief drin,
weißt aber nicht, was es ist und wo sollst du hin.
Willst vertrauen, wurdest aber so oft verletzt,
fühlst dich in die Enge getrieben und gehetzt.

Dabei willst du doch nur Liebe spüren
dich mal fallen lassen und auf nichts und niemanden
hören.

Der Tod

Wieder ein Tag, der mit Nichts begann.
Wieder ein Tag, den die Einsamkeit verschlang.
Nur das Warten auf die Nacht
hält dich über den Tag lang wach.

Wenn dann endlich vergangen ist der Tag
und du wie so oft den Träumen erlagst,
an die Vergangenheit, als ihr noch wart zu zweit,
als Licht und Wärme euch umgab
und ihr gemeistert habt den Tag.

Jeder geprägt durch Arbeit, Mühen und Sorgen
als die Kinder noch klein waren
und ihr dachtet an morgen.
Wenn ihr im Alter mehr Zeit habt und seid vereint
dann wird es sein,
dass man reisen wird um die ganze Welt,
gespart habt ihr das Geld.

Im Ruhestand wolltet ihr das Leben genießen,
doch dann kam er zu schnell, um zu beschließen,
dieses Leben ist vorbei.

Der Wandel

In all den Jahren
musste ich so viel Schmerzliches erfahren.
In meinem Leben ging so vieles schief,
dass man glauben konnte, ich hänge fest in einem Tief
aus dunklen Wolken,
wusste nicht, welchem Weg sollte ich folgen.

Fand mich überfordert und klein,
nicht würdig, am Leben zu sein.
So liefen die Jahre dahin
und einen Fehltritt nach dem anderen ich beging.

Es war ein Leben hinter dicken Wogen,
fühlte vom Leben mich betrogen.
Wusste meist nicht mehr ein noch aus,
kam aus dem Teufelskreis einfach nicht raus.

Bis es dann irgendwann nicht weiterging,
mein Leben am seidenen Faden hing.
Dann war ich bereit,
mein Leben in deine Hände zu legen,
nun endlich folge ich deinen Wegen
in ein neues und friedliches Leben.

Der Wind

Der Wind, er singt ein trauriges Lied,
während er die Wolken den Himmel lang schiebt.
Die Herzen erstarrt, wird es immer kälter auf Erden,
vom ewigen Kampf, ein Sieger zu werden.
Überall die Gier und der Neid,
die Menschen in seinen Krallen hält.
Gibt es denn nichts anderes auf der Welt?
Warum muss nur jeder etwas Besonderes sein,
legt da viel Energie hinein,
am Ende ist es doch nur Schein.
Geht es im Leben nicht um andere Werte?
Ist es so unmöglich, dass es gibt Frieden,
Mitgefühl und Liebe auf der Erde?
Dass der Mensch sieht den anderen Menschen,
so, wie er ist, und ist das nicht erreichbar
die Erde bricht.

Die Entscheidung

Ich treibe im Wind
Weiß nicht genau, wo ich bin
Ist alles verborgen
Seh im Leben wenig Sinn
Hab so viele Fragen
Kann aber nicht sagen
Wo will ich eigentlich hin
Mache mir Sorgen
Was wird morgen
Und wo geht die Reise hin
Jeder neue Tag scheint mir gewagt
Weil die Welt so verlogen
Fühle mich betrogen
Das ergibt keinen Sinn
Die Welt der Zeit unterworfen
Ein Kreislauf aus werden und vergehen
Um dann wieder am Anfang zu stehen
Dieser ewige Kampf macht uns krank und kaputt
Das kann und will ich nicht mehr verstehen
Diese Kälte im Herzen
So viele Schmerzen
Soviel Hass und Wut
So ein Leben ist für uns alle nicht gut
Doch tief in mir gibt es einen Ort
Wo die Liebe noch lebt
Und sie spült alles fort
Ich muss mich entscheiden
Will ich hier verweilen

Oder gehe ich zur Liebe hin

Die Wahrheit

Mein Herz war gebrochen bevor ich dich traf.
Mein Leben so rastlos, dass ich vergaß
dass es noch etwas anderes gibt,
etwas tief in mir drin, was man wirklich liebt.

Hatte zuvor viele Fragen und Ängste
und konnte nicht verstehen,
dass man diese Welt
muss mit anderen Augen sehen.

Habe meine Welt in Illusionen gehüllt
und war schockiert,
dass sie nicht ein Quäntchen Wahrheit enthielt.
Es war ein Leben,
meist angefüllt mit Schmerz und Pein
und ich fragte mich, soll das alles sein?

Doch jetzt weiß ich, dass es das andere gibt
und ich erlöst bin, als ich deinen Namen rief.
Vergessen war die Welt des Scheins
denn jetzt tauche ich in die Wahrheit ein.

Du bist ein Wunder

Du warst am Anfang gar nicht gewollt,
war gerade Mutter geworden und habe gegrollt,
dass ich schon wieder ein Leben in mir trug,
oh, wie habe ich deinen Vater verflucht.

Bei deiner Geburt wollte ich mich schon aus dem Leben schleichen,
doch du ließest es nicht zu,
auch wenn du wusstest,
dass wir krasse Kämpfe werden bestreiten.

Du hast mich schon immer bedingungslos geliebt,
du standest mir bei,
egal, wie tief ich fiel, du hieltest mir den Rücken frei.
Du wuchst zu einem liebevollen Menschen heran,
durch deine Gabe du Daniel zogst in deinen Bann.

In eure Beziehung wurden drei in Liebe gezeugte Kinder geboren,
welche so wundervolle Gaben haben
und uns helfen den Weg in den Frieden zu bahnen.
Ich bin so dankbar und stolz, dass es dich gibt
und du sollst wissen, du wirst sehr geliebt.

Ich freu mich auf jede Stunde mit dir,
weildu mir zeigst, weshalb wir sind hier.
Es wird noch so viele Stunden geben,
weil unsere Beziehung so stark ist reicht sie für viele Leben.

In Liebe

Deine Mama

Du

Ich weiß, ich bin niemals allein,
mein stiller Begleiter wird immer bei mir sein.
Er geht mit mir meinen manchmal steinigen Weg,
er ist für mich da, ob früh oder spät.

Hat lang gedauert, bis ich ihn bemerkt,
er mir oft Hinweise gab, ein Gefühl mich bestärkt,
das Leben aus einer anderen Perspektive zu sehen,
einen anderen Weg mit meinen Mitmenschen zu gehen.

Zu hören auf die leisen Stimmen,
nicht dem zu folgen, was mein Ego bewegt
und mein Leben selbst zu bestimmen,
frei von den Zwängen, die ich mir auferlegt.

Frei von unnützen Dingen,
die säumten meinen Weg,
gehen wir gemeinsam ins Glück.
Ich dreh mich nicht um, es gibt kein Zurück.

Dunkelheit

Wenn dein Leben einsam und leer,
dein Herz erstarrt und du fühlst nichts mehr
außer die innere Kälte, die dir den Atem nimmt
dich in einem Strudel hält
und es immer wieder von neuem beginnt.

Eine endlose Schleife,
die dich nach unten zieht
und in der du keinen Ausweg siehst.

Jeder Tag ein Kampf mit dir selbst
und du weißt nicht, was, warum dich am Leben hält.

Siehst keinen Sinn in diesem Leben
und kannst nicht verstehen, weswegen
du überhaupt hier sein musst
und siehst in so manch gefährlichen Dingen Trost.

Ein Blatt im Wind

Bevor ich dich traf,
war ich wie ein Blatt im Wind,
ließ mich durchs Leben gleiten,
die Zeit verrinnt.

Als ich dich traf,
war plötzlich alles so klar
und etwas ganz Besonderes begann,
Deine natürliche Art zog mich magisch an
und deine Sicht auf das Leben mein Herz gewann.

Nicht alles so zu nehmen, wie es scheint,
es zu hinterfragen uns vereint.
Im gleichen Rhythmus zwei Herzen schlagen,
als ich dich traf, gab es keine Fragen.
Was die Zukunft bringen mag,
es war alles geklärt.

Es war, als würde etwas alt Vertrautes
sich wieder neu verbinden
in einer Liebe, die man nur einmal kann finden,
die so stark, rein und tief,
die schon seit Jahrhunderten in uns rief,
das zu vereinen, was schon immer war.

Ein Lächeln

Schenk ein Lächeln jeden Tag,
du glaubst nicht, was dieses Lächeln alles vermag.
Dieses Lächeln breitet sich aus,
bringt den Menschen Freude
und das strahlen sie dann aus.

Ist nur ein Lächeln, es kostet kein Geld
ist viel wertvoller als der ganze Reichtum der Welt.
Mit einem Lächeln vieles beginnen kann,
probier's aus, auch dann
ergeben sich neue Wege mit Menschen, die man trifft,
sie verheißen manchmal pures Glück,
bleiben das ganze Leben oder begleiten dich nur ein
kleines Stück.

Man findet den Menschen, den man liebt,
oder Menschen mit denen man sich gern umgibt,
besondere Beziehung, vielleicht ein Leben lang
und alles mit einem Lächeln begann.

Eliana

Die ersten Vögel sind erwacht
ein Lichtstrahl tanzt auf deinem Gesicht,
der Tag ist erwacht.
Noch schlummert friedlich mein Engelein,
betrachte dich, du bist noch so klein.

War dabei, als du wurdest geboren
in Liebe empfangen,
für etwas Besonderes auserkoren.
Die Freudentränen liefen über mein Gesicht,
war so faszinierend, dich zu sehen, vom ersten Augenblick.

Ist so spannend, dich auf deinem Weg zu begleiten,
das Krabbeln, Sprechen, das Laufen bei Zeiten.
Es ist schön, dich mit deinen Geschwistern zu sehen,
hast diese voll im Griff, was man kann verstehen.

Bist eine kleine süße Maus
und hältst uns auf Trapp, ist manchmal ein Graus.
Du bist ein kleiner Wirbelwind,
mal sanft und liebevoll,
mal fordernd und energisch,
aber in allem ein glückliches kleines Kind,
das der Welt so viel geben kann.

Bin gespannt, wohin das Leben dich führt,
hast jetzt schon eine Gabe, die alle berührt.
Bist ein Mittler zwischen den Welten,
noch so klein, doch kannst du schon so viel helfen,
die Welt mit anderen Augen zu sehen
und auf eine neue Art zu verstehen.

Du gibst viel Liebe und wirst geliebt,
mein kleiner Engel,
ich danke dafür, dass es dich gibt.

Er ist da

Schön war die Zeit, als ich noch 13 war
Er so süß und unnahbar
So anders und tief war das Gefühl
Was mich, wenn ich dich sah, befiel

Ich war so verliebt mit meinen 13 Jahr
Doch die Zeit war noch nicht reif für uns als Paar
Mussten Jahre erst noch ins Land gehen
Bis wir uns endlich wiedersehen

Zum Tanz in den Mai bin ich gegangen
Hast dann mein Herz erneut eingefangen
Hast gelehrt, mich anders zu denken
Und dir drei wundervolle Kinder zu schenken

Warst immer da, um uns zu behüten
Warst immer da und gabst mir etwas Frieden
In meinem Leben so hoch und tief
Die Spirale oft verlief
Bist mein Fels in der Brandung
Meine sichere Landung

Das ist unser Leben, was ich beschrieb
Und es ist Zeit dir zu sagen
Ich hab dich lieb

Fantasie

Wie es wohl wär,
wenn es nicht gäbe das Reich der Mär.
Das uns verzaubert durch seine Magie,
das Erleben lässt in unserer Fantasie.

Die Dinge, die so einfach sind,
das beherrscht wird nur durch ein Kind,
was erlösen kann die ganze Welt,
weil nur Gutes regiert und nicht das Geld.

Die Macht der Mär ist zauberhaft
und ist es das nicht, was in uns macht,
das Leben auch mal anders zu sehen,
als es ist, es ist doch schön,
mal zu entfliehen ins Reich der Magie
und zu erleben die Fantasie.

Fragen

Was ist klar?
Was ist wahr?
Was ergibt Sinn?
So viele Lügen, so viele Intrigen,
wo führt uns die Reise hin?
Was bin ich?
Hör genau hin.

So viele Fragen,
was kann ich noch ertragen?
Warum bin ich geboren
wenn alles nur besteht aus Sorgen um das Morgen?
So viele Kriege
an der Menschheit Wiege.

Warum fühl ich mich klein
und könnte nur schreien?
Was und weswegen?
Wollen wir nicht alle leben
in Glück, Harmonie, Liebe und Frieden,
muss man deswegen erst siegen?

Frieden

Ein unendlicher Frieden legt sich über das Land,
glückselig, als ich dich fand.
Warst mir so vertraut,
als kannten wir uns schon aus uralter Zeit,
wie weggewischt, alles schon vergessen,
die Strapazen der Vergangenheit.

Wenn ich in deine Augen sehe
fühle ich mich losgelöst und befreit,
sehe unsere Zukunft in einem ganz neuen Licht
und kein Wort diese Stille zerbricht,
weil man es mit Worten nicht beschreiben kann,
dieses Vertrauen und die Liebe, die ich bei dir fand.

Gedanken

So einsam kalt die Welt erstarrt,
jeder in Einsamkeit verharrt.
Vor Gewalt jeder des jeden Feind
und die Erde weint.

Soll das unser Schicksal sein?

Kann es kaum ertragen,
diese Last weiterzutragen,
diese Schuld in der Schuld
hält uns in ihrem Bann.
Ein Joch, das wir tragen,
jahrelang.

Es wird Zeit aufzustehen,
unsere Fesseln abzustreifen,
die Welt mit anderen
und klaren Augen zu sehen.
Wann lernen wir,
dass wir alle sind eins
und nur die Erlösung,
alles loszulassen, uns befreit.

Bis du dazu bereit?

Hoffnung

Kennst du das Gefühl, dass du bist ganz allein
auch wenn um dich herum das Leben pulsiert,
du könntest nur schreien.
Es kann dich keiner hören oder hört dir zu,
bist von Wahnsinn getrieben
und findest keine Ruh.

Das Leben zerreißt dich Stück für Stück,
findest weder Anfang noch Ende und wirst verrückt.
Fühlst dich gefangen in einem Leben, was du nicht willst,
weil du nicht sagen kannst, was du fühlst.

Negativ ja, das kannst du beschreiben
weil es immer so ist, das Glück nicht will bei dir bleiben.
Meist nur ein kurzer Augenblick und schon wieder
kehrt das Negative zurück.
Es liegt auf der Lauer und schon ist es wieder da,
so ist es immer Jahr für Jahr.

Kannst mit keinem reden, weil keiner dich versteht.
Dein Leben auf dem Kopf steht und das Leben dich quält.
Egal, was du tust,
die Spirale dreht sich weiter
und wenn dann nichts dir helfen kann,
findest du es gescheiter,
diesem Leben den Rücken zu kehren,
aber auch das scheint man dir zu verwehren.

Also kämpfst du weiter Jahr für Jahr
und hoffst auf ein Wunder
und bist überrascht, es ist ganz nah.
Meist kommt es zu dir, wenn du ganz unten bist,
dann ist es da, der, der dich wirklich liebt.
Er reicht dir die Hand
denn er kann dich verstehen
und gemeinsam werdet ihr den Weg ins Leben zurück gehen.

Ist das Leben?

Die Welt dreht sich im Kreis,
endlos die Schleife von Werden und Vergehen.
Worin liegt da der Sinn,
wenn wir jedes Mal von Neuem erstehen?
In einer Welt, die sich selbst zerstört
und es keine Hoffnung gibt, es verliert ein jedermann
und es fängt alles wieder von vorne an.

Ich will mich nicht ständig im Kreise drehen,
ich will etwas anderes und beginne langsam zu verste-
hen,
dass nur ich den Kreislauf durchbrechen kann,
um dorthin zu gehen, wo alles begann.

Wo Wärme, Liebe und Hoffnung ist,
wo wir alle sind gleich
und alles eingehüllt in ein Licht der Geborgenheit.
In ein Licht, das alles in uns stillt,
wo keine Ängste und Sorgen sind,
in einem Licht, wo alles anders ist,
wir vereint und frei und alles neu beginnt.

Sind wir endlich erwacht aus dem Traum der Illusionen,
der uns gefangen hielt für Jahrmillionen.
Gehen den Weg gemeinsam mit nur einem Ziel,
zurück zum Anfang, wo alles begann im ewigen Glück,
bevor alles fiel.

Kinderaugen

Wie oft sehe ich Kinderaugen,
die nicht leuchten, und kann es kaum glauben,
dass es nicht mal für das Nötigste reicht, was sie brauchen.
Warum ist es nur in der Weihnachtszeit, dass wir für alle an Frieden und Liebe glauben?

Sind wir denn den Rest des Jahres nicht auch alle gleich?
Warum fällt es uns so schwer, die Liebe allen zu geben, ob arm oder reich?
Ist es nicht unser aller Wille, dass unsere Kinder glücklich sind,
sie sich entwickeln können, wie sie wollen,
ohne dass wir sie lehren, mit anderen zu grollen,
wenn sie nicht das wollen, was uns kaum gelingt.

Ich möchte alle Menschen glücklich sehen und will nicht, dass wir uns zerreißen.
Wegen ein paar goldenen Scheiben oder Schnipsel aus Papier,
nur weil eine Zahl darauf steht sind wir nicht glücklicher hier!
Was daran ist so schwer, dass Kinderaugen leuchten
nicht nur in der Weihnachtszeit?

Liebe ist

Wenn man sich verführt
Sinnlich berührt
Wenn Körper sich in Leidenschaft winden
Wenn einem fast die Sinne schwinden
Wenn alles so klar ist auf dieser Welt
Weil man weiß, dass nur das eine zählt
Nur der Mensch, der dazu erwählt
Dich glücklich zu machen ist das, was uns erhält

Liebe ist auch

„Sagt man“, ein Gefühl
Was aberwitzig und mit den Menschen macht, was es will
Es ist, als könnte man fliegen
Und alles und jedermann besiegen
Ein Gefühl, das man nicht beschreiben kann
Weil so schön, dass man nicht klar denken kann
Weil man die Dinge so anders sieht
„rosa rot“ und was auch geschieht
Nur das Gute im Menschen man sieht
Alles Dunkle ausgeblendet
Und unser Hirn nur das eine sendet
Völlig blind, was auch geschieht
Dann heißt es, man ist „total verliebt“

Mama

Der letzte Gang war schwer,
Unruhe hielt mich in seinem Bann.
War doch erschrocken, als der Anruf kam,
ob ich dich auf dem letzten Weg würde begleiten
war schon beschlossen, denn ich wollte nicht,
dass du musst leiden.

Meine Gedanken drehten sich im Kreis
war doch die Frage, bin ich bereit
dich so einfach loszulassen,
konnte es immer noch nicht fassen,
dass dein Herz würde nicht mehr schlagen.
Ich hatte noch so viele Fragen.

Unser beider Leben war nicht leicht,
hatten in den letzten Wochen noch so viel erreicht
was uns verwehrt war in den letzten Jahren,
hatten uns jetzt erst wieder vertragen.

Ich habe dich begleitet bis zur letzten Sekunde
als friedlich du gingst, wusste ich,
es wird sich schließen auch diese Wunde.
Ich bin dankbar für diese letzten Stunden,
habe noch nie so viel Liebe empfunden.

Fühle, das du bist losgelöst und frei,
vergeben alles und es ist vorbei
nur dieses eine Leben
und ich gebe dich in Liebe frei.

Meeresrauschen

Ein Nebelschleier lag über dem Land,
mein Weg führte mich hinunter zum Strand.
Ich liebe die Ruhe und die Geborgenheit.
Hier am Meer fühle ich mich befreit
vom Stress des Alltags und des einerlei,
was mich gefangen hält.

Hier ist es wie in einer anderen Welt,
die Gedanken können hier frei fließen
ungebremst kann ich genießen.
Das leise Plätschern, wenn die Welle bricht
alles umhüllt in einem Farbspektral aus Licht.

Die Strahlen der Sonne verzaubern das Meer,
wie Perlen leuchten sie und einmal mehr
fühle ich mich mit allem vereint.
Mein Lächeln spiegelt sich im Meer
und meine Seele vor Freude weint.
Es ist so ein wunderschöner Augenblick
und ich wünsche, ich müsste nicht zurück.

Mein Engel

Strahlend blaue Augen sahen mich an
Kleine Hände folgten dann
Die noch tapsig mein Gesicht berühren
Die noch wollen alles erspüren
Was es gibt auf dieser Welt
Diese Augen, für die nur das eine zählt
Die Liebe, die du ihr geben willst
Nur diese Augen haben diese Macht
Sie spiegelt sich darin tausendfach
Und ein süßes Lächeln dazu
Meine kleine Lucilia, das bist du

Mein Großer

35 Jahre ist schon her, dass du geboren wurdest
und so viel mehr ist in der Zeit geschehen.
Es war am Anfang ein holpriger Weg,
den wir gemeinsam mussten gehen.

Warst ein kleiner lustiger Mann
und stelltest mit deinen Schwestern manch Blödsinn an.
Auch machtest du die Regeln im Spiel von Tag zu Tag
neu
und es gefiel dir, deinen Schwestern zu zeigen
Ich bin große und muss nichts beweisen.

Beim Backen ließest du keinen ran,
war dein Traum von Anfang an,
einmal Bäcker zu werden,
das hast du gemacht und über deine Kreationen
gibt es selten Beschwerden.

Leider musstest du den Job aufgeben, aber hattest schon
ein neues Ziel,
lerntest Computertechnik was dir auch gefiel.
Hast in Michi deine Traumfrau gefunden
und jetzt zu viert habt ihr schon verlebt so viele schöne
Stunden.

Bist deiner Familie ein liebevoller, kreativer,
starker und aufmerksamer Vater und Mann.
Bleib, wie du bist, auch wenn ab und an
der kleine Junge noch in dir ist
und du dadurch dem Alltag entfliehst.

Ich bin so stolz auf das, was aus dir geworden ist,
bist immer für alle da
und dafür lieben wir dich.

Dankeschön
Ich liebe dich, Mutti

Mein Freund, Weggefährte und Mann

Unser gemeinsamer Weg fing holprig an
waren noch sehr jung, als alles begann.
Drei Kinder sind in unsere schwierige Beziehung hineingeboren,
das war das einzig Gute, doch wir hatten uns geschworen,
wir trennen uns erst, wenn alle groß,
was aus ihnen geworden ist, einfach famos.

Unser beider Leben war geprägt von tiefen Wunden,
die ein jeder trägt,
egal aus welchem Leben,
für eine normale Beziehung war es zu spät.

Erst nach unserer Trennung konnten wir dann atmen
wir begannen nach neuen Wegen uns umzusehen.
Du viel eher als ich, jetzt kann ich es verstehen.
Du zeigtest mir, wie es weitergehen kann.

Der neue Weg ist super, und ich gewann
endlich mein Leben zurück.
Am Anfang verworren, doch zum Glück
lehrtest du mich, die Welt neu zu verstehen,
den Schleier zu lüften und auf alles vergebend zu sehen.
Und jetzt, nach all den Jahren zeigt es mir,
du wolltest das Beste für mich,
wie auch ich für dich.

Egal, was passiert, wir werden unseren Weg gemeinsam weitergehen,
weil wir jetzt gelernt haben, uns und den Sinn des Lebens besser zu verstehen.
Wir haben einen Kurs, der uns vereint
und werden ihn bis zum Neuanfang gehen.

Meine Macht

So leuchtend hell die Sonne aufgeht,
die Nacht zieht sich zurück,
der Wind sanft die Blätter bewegt.

So freundlich und harmonisch beginnt der Tag,
alle quälenden Gedanken sind verjagt.
Nichts, was meinen Frieden stören kann,
lass es nicht zu, nur ab und an
weil ein störender Gedanke meine Stille durchdringt,
nehm' ihn zur Kenntnis und lasse ihn ziehen.

Vorbei die sinnlosen Kämpfe um Macht und Geld,
weil das nicht meine Funktion ist als Licht der Welt.
Will nur allem Frieden bringen
und wenn ich das erreicht,
muss nichts mehr neu beginnen.

In diesem nie enden wollenden Kreislauf
aus Werden und Vergehen
kann die Welt wieder so entstehen
wofür sie von Anfang an gemacht.
Ein Ort der Stille, der Liebe und des Friedens.

Ich habe die Macht.

Meine Sonne

So hat dich Omi immer genannt,
waren alle stolz wie Bolle,
als dein Geist seinen Weg in unsere Familie fand.
Endlich ein Mädchen nach all den Knaben,
glaubten schon, unsere Familien sollten kein Mädchen haben.

Dein Start ins Leben war etwas schwer,
unsere Familie zerrüttet, umso mehr.
Du nicht einmal ein Jahr
und deine Schwester kam hinterher.

Ihr Geschwister seid so eng verbunden
und gemeinsam überstandet ihr so manch üble Stunden,
die euch so viel von eurer Kindheit geraubt,
doch ihr drei nun gestärkt ans Leben glaubt.
Deine Vergangenheit konntest du so überwinden,
auch wenn deine Schwester dir in der Kita
musste die Schleifen binden.

Ich wollte nie, dass ihr müsst so leiden!
Eigentlich wollte ich euch anders begleiten.
Doch das Leben hatte für mich einen anderen Weg gewählt
und so lerntest du bei Zeiten,
dein Leben in die eigene Hand zu nehmen.
Ich hoffe, du wirst mir das vergeben.

Ich bin so stolz, was aus dir geworden ist,
ein liebevoller, starker, vertrauensvoller,
manchmal sturer Mensch, den man nicht vergisst.
Für deine Familie und Freunde bist du immer da,
gar keine Frage, und das ist einfach wunderbar.

Du hast mich in meinen schwersten Stunden begleitet,
dafür bin ich dir so dankbar und liebe dich so sehr,
auch wenn ich es nicht so zeigen kann,
denn es fällt mir etwas schwer.

Aber tief in deinem Herzen weißt du, dass es so ist
und ich bin unsagbar glücklich, dass du meine Tochter
bist.
Ich wünsch mir, dass du mir eines versprichst,
bleib, wie du bist, und lebe dein Leben so,
wie du dir wünschst das es ist.

Melodie des Herzens

Folge der Melodie deines Herzens,
es verrät dich nie.
Es zeigt dir den Weg,
manchmal Ironie.

Der Schlag deines Herzens
die Wahrheit enthält,
nicht was dir die Welt sagt,
dich am Leben erhält.

Es zeigt dir eine Welt aus Wundern
und Magie.
Lässt dich in den Wirren
der Verliebtheit schwelgen, in Poesie.

Mal himmelhochjauchzend,
dann wieder zu Tode betrübt,
musst du erst lernen die uralte Melodie.

Sie schickt dich auf die Reise,
ein Leben lang.
Doch nicht zu oft verweilen,
denn es macht dich krank.

Hör auf dein Herz, fühl dich hinein,
lass es zu, dein Lehrer zu sein.
Tief in unserem Herzen gibt es einen Winkel,
der uns alle miteinander vereint.

Drum geh sorgsam, liebevoll und achtsam
mit allem und jedem um.
Denn alles ist ein Teil von dir.

Peter

Habe jetzt erst von dir erfahren
nach all den Jahren schließt sich der Kreis
und ich weiß,
du warst nur kurz bei mir, doch bist du frei.
Damit deine Schwester leben kann,
war es deine Wahl zu gehen.
Aus heutiger Sicht kann ich es verstehen.

Wir merkten beide, dass uns etwas fehlt,
haben gesucht und es hat uns gequält,
nicht zu wissen du warst da,
geahnt hatten wir es,
doch für dich es anders geplant war.

Wir sind dankbar,
dass du warst kurz an unserer Seite.
Wir lieben dich beide
und lassen dich gehen,
denn ich weiß,
du wirst wieder neu erstehen.

Du bist wieder hier
und wir werden uns sehen,
sowie erkennen und werden verstehen,
dass alles soll so sein.
Wenn alle Dinge erledigt sind
kehren wir zusammen heim.

Ruf nach Liebe

Wenn ich dich anschaue, sehe ich deinen Schmerz,
siehst so verloren aus und ich fühle die Angst in deinem Herz.
Bist auf der Suche nach deinem Platz in der Welt,
hast dich verlaufen und es fällt
dir immer schwerer jeden Tag neu zu beginnen
weiß nicht, wohin er wird dich bringen
fühlst dich gehetzt von den Gesetzen der Welt
weil du keinen Sinn siehst in vielen Dingen,
wie man dir suggeriert, es dich am Leben erhält.

Was bringt dir Macht und Reichtum, wenn traurig du bist,
es füllt nicht die Leere in deinem Herzen und du vermisst
die Liebe und die Geborgenheit,
ein kleines Lächeln, das die dunklen Wolken aufreißt.
Ein liebes Wort und eine Umarmung mehr dir geben kann,
als aller Tand der Welt.

Dein Verstand dreht sich im Kreis,
willst ihn durchbrechen, doch du weißt,
dass du es nicht allein kannst tun,
die Tragweite zu ermessen.
Bist auf Suche, laut ist dein Schrei
und er wird erhört und es befreit,
wenn du weißt, dass du nicht alleine bist.

Nimm die Hand, die dir gegeben
und geht gemeinsam in ein neues Leben,
in der nicht die Gewalt und Krieg regiert,
sondern die Liebe und der Frieden in dir.

Seine Augen

Nur kurz hattest du in seine Augen gesehen,
Die so blau und wortlos
konntet ihr euch verstehen
Nur kurz war dieser Augenblick
Doch ließ er dich erbeben vor Glück

Wusstest, von nun an würdet ihr gemeinsame Wege
gehen
Und die Welt mit anderen Augen sehen
Die Welt auf einmal viel freundlicher erscheint
Auch wenn manchmal der Himmel weint
Dies Gefühl, was in euch beiden erwacht
Was euch zu einem wunderbaren Ganzen macht

Dieser Ruf

Die Suche nach dir fing im Kindesalter an,
dass mir etwas sehr Wichtiges fehlte,
merkte ich dann und wann.
Doch der Alltag holte mich ein,
ein Leben meist traurig und nur Schein.
Verzweiflung und Wut säumte dann meinen Weg,
ich konnte es kaum ertragen
und betäubte mich früh und spät.

Ref.: Dieser Ruf, der mir die Hoffnung gab,
ein Ruf, in dem so viel Liebe lag
den Weg zu dir zurückzufinden.
Das ist mein Ziel
und ich werde alle Hürden überwinden.

Ging weiter meinen Weg einsam und allein,
auch meine Heirat und meine Kinder
linderten nicht die Pein.
Im Gegenteil,
noch größer wurde die seelische Not
und ich wünschte mir, ich wäre tot.

Ref.: Dieser Ruf, der mir die Hoffnung gab,
ein Ruf, in dem so viel Liebe lag
den Weg zu dir zurückzufinden.
Das ist mein Ziel
und ich werde alle Hürden überwinden.

Als meine Verzweiflung dann den Höhepunkt erreichte
und ich fast zerbrach,
hat mich endlich dein Wort erreicht.
Wie ein Blitzschlag mitten ins Herz
und ich erkannte in meinem Schmerz,
dass du immer an meiner Seite bist
und mir eine Liebe schenkst, die man nie vergisst.
Eine Liebe, die so rein
und jetzt weiß ich,
ich gehe heim.

Ref.: Dieser Ruf, der mir die Hoffnung gab,
ein Ruf, in dem so viel Liebe lag
den Weg zu dir zurückzufinden.
Das ist mein Ziel
und ich werde alle Hürden überwinden.

Vergib mir

War nicht so da, wie du mich gebraucht
war selbst in der Welt gefangen, wie du auch.

Ref: Bitte vergib mir, was auch immer ich tat
Bitte vergib mir, was ich in Ärger je gesagt
Bitte vergib mir die ungenutzte Zeit
Bitte vergib mir, es tut mir vieles so leid

Lass uns einen neuen gemeinsamen Weg finden
uns auf das Leben einlassen und alles neu verbinden.

Ref: Bitte vergib mir, was auch immer ich tat
Bitte vergib mir, was ich in Ärger je gesagt
Bitte vergib mir die ungenutzte Zeit
Bitte vergib mir, es tut mir vieles so leid

Was uns trennte, jetzt wieder vereint,
alle Tränen und Schmerz vergessen,
weil wir gehen in die Ewigkeit ein.

Spiegelbild

Wenn ich in den Spiegel schau,
sehe ich in Augen, die einst waren blau,
voll Glanz und Licht, doch nichts ist geblieben
was man könnte lieben.
Schauen traurig und leer
fühl mich verloren
und das Leben fällt schwer.

Wo ist das kleine Mädchen hin,
was immer schneller sein wollte als der Wind?
Was träumend über blühende Wiesen lief
und sich ein schönes Leben wünschte,
doch es in anderen Bahnen verlief
mal hoch, aber meist tief war der Fall
doch es ließ mich nicht los, das Leben
also musste es noch einen anderen Weg für mich geben.

Aber erst, als ich war bereit, öffnet sich mein inneres Ich
und ich konnte loslassen alles Missgeschick.
Was eigentlich nur ein Fehler war
und auf diesen neuen Wegen zu gehen ist wunderbar.

Torsten

Wenn ich dich so sehe, wird mein Herz so schwer.
Dein Blick so traurig und leer.
Wirkst so einsam in dieser Welt,
hast verloren, was dich am Leben erhält.
Es fehlt dir die Kraft, weiterzugehen
und du kannst auch nicht verstehen,
warum du dies alles ertragen musst
und du wünschtest dir, es wäre endlich Schluss.

Ich werde mit dir den Weg gemeinsam gehen,
auch wenn ich es muss nicht verstehen,
werde da sein bis zum Schluss,
auch wenn ich mich frage,
warum du deine Chance nicht hast genutzt
vergebend auf das Leben zu sehen,
denn deine Seele könnte hier schon neu erstehen,
völlig frei und unbegrenzt.

Vergangenheit

Es fing ganz langsam an,
erst nur ein Gefühl was da kam,
es ging vorbei, doch etwas ist geblieben.
Etwas, was mir sagte, du bist nicht in Frieden.

Aber wie es meist so ist,
man schiebt es zur Seite und vergisst,
weil da noch so viele wichtige Dinge sind,
die erledigt werden müssen, und das geschwind.

Doch es bringt sich immer wieder in Erinnerung,
eingeholt wirst du von der Vergangenheit
hartnäckig sucht es deine Aufmerksamkeit.
Es lässt dich nicht los, du drehst dich im Kreis
legt sich aufs Herz und du weißt,
du musst eine Lösung finden.
Fängst an alles zu hinterfragen und zu ergründen,
was dich hier gefangen hält
was du nicht willst und was dich quält.

Es ist verworren, aber wenn du loslässt und du vergibst
dir und dem Leben du die Lösung siehst,
sie macht dich frei und unbeschwert
wenn du zurück zur Wahrheit kehrst.

Was ist das Sein, wenn man zerbricht

Weil man nicht sehen kann das Licht
Wenn uns die Dunkelheit gefangen hält
Und nur die Kälte regiert die Welt

Wo ist die Wärme nur geblieben
Die wir hatten, um uns zu lieben
Was ist passiert auf dieser Welt
Das nur Gewalt und Tod unsere Beachtung erhält

Wo ist der Mensch denn geblieben
Heißt es nicht, wir sollen uns lieben
Wir sind einzigartig auf dieser Welt
Muss es sein, dass all das zerfällt

Weil wir nicht sehen, was wirklich ist
Und uns die Habgier nur zerfrisst
Was ist passiert auf dieser Welt
Das nur zählt, wer hat das Geld

Wo sind die glücklichen Momente hin
Wenn man nur sieht ein glückliches Kind
Ein Baum, der sich im Winde wiegt
Von irgendwoher erklingt ein Lied

Ein Lachen so wunderschön
Kann es nicht sein, dass wir irgendwann verstehen
Es gibt mehr als nur das Geld
Wenn irgendwann die Liebe regiert auf dieser Welt

Irrsinn

Wir haben die Liebe aus unserem Herzen verbannt,
gehen sträflich damit um, haben uns verrannt.
Bauen Mauern um uns herum, lassen niemanden rein,
sonst würde sie fallen unsere Welt des Scheins.

Die Türen mit so vielen Schlössern blockiert,
durch Eiseskälte alles um uns herum gefriert.
Warum haben wir die Liebe aus dem Herzen verbannt?
Warum umgeben wir uns mit so viel Tand?

Mit Dingen, die keiner so richtig braucht,
denn wenn man sie erst einmal gekauft,
verschwinden sie wieder aus dem Sinn.
Wo führt uns dieser Irrsinn hin?

Natur

Es ist deine Einzigartigkeit, die mich fasziniert,
deine unendliche Schönheit, als wärst du nicht von hier.
So harmonisch alles ineinander fließt,
der Beobachter schweigt und genießt.
Eine ausgeklügelte Perfektion
und das zeigst du uns seit Jahrmillionen.
Lässt durch uns dich nicht zerstören,
holst dir alles zurück, wenn wir das Interesse verlieren.
Deckst es dann mit deiner Vielfalt zu,
Neues entsteht, das Alte findet Ruh.
Fühl mich bei dir geborgen und in Sicherheit,
mein Blick kann schweifen, fühl mich befreit.
Wenn ich durch Wiesen und durch Wälder lauf,
sehe ich deine Fülle und es gibt nichts weiter, was ich
brauch.

Wenn der Schleier fällt

Als es begann
ich wieder gewann mein Leben zurück,
war beseelt vor Glück.
Mein Weg war so klar, fand es einfach und wahr,
gab es nichts mehr dazwischen.

Ich konnte die Vergangenheit loslassen und das Wissen,
dass alles schon so lange her,
es mich nicht mehr berührt
und die Zukunft mir nicht mehr verwehrt,
weil ich nicht mehr muss allein gehen.
Weiß dich an meiner Seite und das Leben so unsagbar
schön.

Der Schleier war fort und wir fanden den Ort
der so friedlich und schön,
wo alles so einfach war zu verstehen.
Eine Reise ins unendliche Glück
und wir niemals wieder wollten zurück
in eine Welt, die so kalt und voller Gewalt,
dass einem die Luft zum Atmen fehlt.

Es war der Weg den wir gewählt.
Aber für uns beide gab es einen Weg zurück
wo alles begann und die Wahrheit nur bleibt
und das ist pures Glück.

Ich danke meinem Sohn und meiner Schwiegertochter für ihre tatkräftige Unterstützung und die Ermutigung diesen Gedichtband zu schreiben und zu veröffentlichen.